A MM. LES ÉLECTEURS

DU 7e ARRONDISSEMENT ÉLECTORAL.

Messieurs,

Permettez-moi de vous faire hommage de cet écrit, il vous fera connaître plus particulièrement mon père, ses travaux et la considération qu'il avait acquise. Ce sont là les premiers titres que je vous présente : puisse cette profession publique de ma piété filiale en être un à vos yeux.

Les témoignages d'estime et d'amitié qu'il a reçus de Voltaire et de Rousseau doivent être aussi un titre honorable que j'ai dû m'empresser de publier.

Les Mémoires historiques sur le XVIIIe siècle ont été imprimés en 1820. Les éloges que leur auteur veut bien accorder à mon père ne sont donc nullement une occasion que j'ai fait naître pour me présenter plus dignement à vos yeux.

Veuillez bien agréer, Messieurs, les expressions de ma considération la plus distinguée,

C. L. F. PANCKOUCKE,

Candidat du VIIe arrondissement électoral,
rue des Poitevins, n° 14.

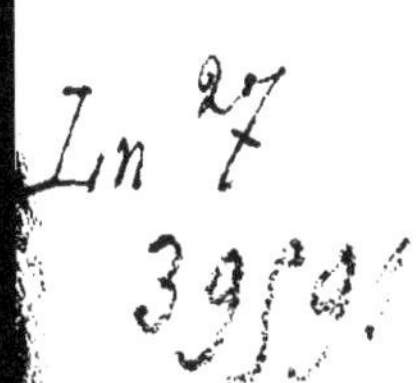

LETTRES
DE VOLTAIRE
ET
DE J. J. ROUSSEAU
A C. J. PANCKOUCKE.

Ce recueil de lettres, que l'éditeur s'empressera d'offrir à toutes les personnes qui voudront bien y prendre quelque intérêt, ne sera pas mis en vente.

IMPRIMERIE DE C. L. F. PANCKOUCKE,
RUE DES POITEVINS, N° 14.

LETTRES

DE VOLTAIRE

ET

DE J. J. ROUSSEAU

A C. J. PANCKOUCKE

ÉDITEUR DE L'ENCYCLOPÉDIE MÉTHODIQUE.

PARIS

C. L. F. PANCKOUCKE

CHEVALIER DE LA LÉGION D'HONNEUR.

M. DCCC. XXVIII.

A

MON PÈRE

C. J. PANCKOUCKE

HOMMAGE A TA MÉMOIRE

TÉMOIGNAGES D'ESTIME ET D'AMITIÉ

CONSIGNÉS DANS LES ÉCRITS

DES DEUX HOMMES LES PLUS CÉLÈBRES

DU DERNIER SIÈCLE

C. L. F. PANCKOUCKE.

NOTICE

SUR

C. J. PANCKOUCKE

ÉDITEUR

DE L'ENCYCLOPÉDIE MÉTHODIQUE[1].

A Lille, en Flandre, venait de mourir subitement le chef[2] d'une famille honorée et nombreuse, et d'un commerce de librairie considérable. Le fils aîné[3], destiné, par des études et par des talens mathématiques, à une chaire de professeur ou à l'arme du génie, à l'instant où ce coup

[1] Cette notice est extraite des *Mémoires historiques sur la vie de M. Suard* (beau-frère de M. Panckoucke) *et sur le dix-huitième siècle*, tome 1, page 269, publiés en 1820.

[2] André-Joseph Panckoucke, auteur de plusieurs ouvrages remarquables.

[3] Charles-Joseph Panckoucke, éditeur de l'*Encyclopédie méthodique*.

de foudre le frappa avec sa mère et ses frères et sœurs, ne se sentit plus d'autre vocation que celle d'être le père de sa famille et le chef du commerce de sa maison. Placé à Lille, entre Paris, où se faisaient les livres les plus lus dans l'Europe, et la Hollande, où s'en faisait le plus grand commerce, il lui fut aisé de voir que nos richesses littéraires sont devenues pour les deux hémisphères des richesses commerciales, mais que, nées en France, elles ne servaient guère qu'à la fortune de quelques négocians de Leide et d'Amsterdam. Il voulut les faire servir à la sienne, à celle des talens qui en sont parmi nous les créateurs, à celle des négocians français, qui commençaient à entrevoir qu'elles pourraient être bientôt les marchandises les plus précieuses pour les échanges des deux mondes, et les plus demandées. Sur cette idée s'éleva tout le plan de sa vie.

Sa maison était trop loin, à Lille, de ces sources auxquelles il voulait ouvrir d'autres canaux et donner d'autres directions.

Il en laisse tout le fonds à sa mère, et avec des capitaux confiés à sa probité seule et à son génie, tous les deux empreints sur une superbe figure, il se rend à Paris, il y mène deux sœurs pour gouverner son ménage, il s'établit dans le quartier le plus littéraire et alors le plus magnifique, près de la Comédie française et du café Procope, rendez-vous de tous les talens et de tous les goûts de l'esprit, centre de ce faubourg Saint-Germain, où les plus belles bibliothèques étaient une partie du luxe de toute la haute noblesse et le besoin réel de beaucoup de nobles qui pensaient comme les La Rochefoucauld et les Danville.

Cette même activité qui avait élevé son esprit aux théorèmes transcendans de la géométrie et son âme à l'ambition de la gloire militaire associée à celle des sciences, l'élève au-dessus de toutes les routines de l'état que lui font embrasser la piété filiale et la tendresse fraternelle. Son premier but, comme négociant, ne peut être que sa fortune; mais en portant le regard le plus attentif sur ses moindres intérêts personnels, il aperçoit que, pour être plus sûr d'atteindre les plus grands, il doit tous les lier aux intérêts des lettres et de ceux qui les cultivent, à ceux de l'esprit public de la France, à ceux de l'esprit humain. Il ne veut ni imprimer ni vendre indifféremment tout ce qui est bon et tout ce qu'on est sûr de vendre. Parmi toutes les espèces de productions, il en distingue trois dont le débit, infaillible et rapide, formera une vaste circulation et de métaux et de lumières.

1°. Ces feuilles qui donnent, ou mois par mois, ou semaine par semaine, ou jour par jour, des comptes exacts de ce qui se fait, de ce qui se pense et de ce qui s'écrit de plus digne d'être connu sur l'état politique et littéraire des peuples; cette même importance qu'il leur attribuait comme commerçant, Franklin la leur a attribuée comme créateur de républiques; et l'on sait avec quel succès il les a employées à l'indépendance de l'Amérique anglaise.

2°. Ces dictionnaires, où l'on trouve si facilement et si promptement les connaissances qu'on n'a pas et dont on peut avoir à chaque instant besoin ; ces livres, que tout le monde lit, parce que tout le monde lit des articles et non pas des ouvrages ; qui rendent toutes les idées populaires en les traduisant de la langue des savans dans celles des peuples. Les mêmes avantages avaient été reconnus aux dictionnaires par Bayle ; et son dictionnaire, qui a tant enrichi de caisses et d'esprits, a prouvé combien ils leur appartiennent.

3°. Ces chefs-d'œuvre où tout est nouveau ; dont les pensées et le style, en sortant des presses, agrandissent le champ des sciences, des arts, des lettres, de l'entendement humain ; ces ouvrages, tels qu'il en paraît à peine dix à douze dans les plus beaux siècles, mais qui fournissent incessamment de nouvelles matières aux dictionnaires et aux journaux.

M. Panckoucke n'a guère fait d'entreprises d'une autre espèce.

Les auteurs et les ouvrages le plus de son goût et de sa raison n'obtenaient aucune préférence exclusive dans ses entreprises et dans son commerce. Les œuvres de Voltaire et les feuilles de Fréron, des articles de Linguet et des articles de La Harpe, tout entrait, suivant les temps et les circonstances, dans ses spéculations; il avait, comme imprimeur-libraire, une maxime qui devrait être gravée dans tous les codes, c'est qu'il n'y a d'autres juges des opinions et des goûts que le goût et l'opinion publique des nations; c'est qu'entre le mauvais génie et le bon, plus la lutte est ouverte et violente, plus elle est courte, plus le vrai et le beau sont sûrs de paraître bientôt avec ce charme et cette évidence qui en rendent le triomphe universel et éternel.

A lui et par lui a commencé une amélioration très-remarquable dans l'existence des gens de lettres, tenus si long-temps dans la pauvreté par les gages avilissans qu'ils recevaient des imprimeurs-libraires, et par les récompenses très-honorables, mais mesquines, des puissances. Ce qu'il pouvait gagner de trop sur eux, il le croyait perdu pour sa fortune personnelle. Il les enrichissait, pour s'enrichir lui-même; il voulait les rendre indépendans de lui, comme de toute la terre, sûr qu'avec leur indépendance s'éleverait leur génie, se féconderaient toutes les sources des richesses de la presse et de la librairie. Il commença un jour l'exécution d'un traité avec un écrivain qu'il connaissait à peine, par lui avancer cent mille francs qui n'entraient pas dans les conditions du traité. C'était bien là les calculs d'un géomètre et d'un libraire transcendant.

Des vues si grandes, des procédés si nobles le rendaient l'égal et l'ami des hommes de génie pour lesquels travaillaient ses presses. Sa voiture était souvent rencontrée sur la route de Montmorency, allant chez Rousseau; de Montbard, chez

Buffon; de Ferney, chez Voltaire; et, comme les œuvres de ces immortels écrivains étaient devenues des affaires d'État, de leurs retraites, sa voiture le portait chez les ministres du roi, à Versailles, qui le recevaient comme un fonctionnaire ayant aussi un portefeuille.

Un éclat si nouveau ne soulevait aucune jalousie parmi ses confrères, parce que cet éclat se répandait sur eux, parce que, dans les embarras de leurs affaires, il donnait toujours, le premier, l'exemple des sacrifices, et que son exemple était suivi de tous dès qu'il l'avait donné. On croit assister à la naissance d'une de ces maisons de l'Italie dont la souveraineté commença par des comptoirs, par des livres de commerce, par des balles de laine, et qui eurent assez le sentiment de la vraie grandeur, alors même qu'elles régnèrent, pour laisser au haut de la maison originaire la poulie qui avait servi à élever les balles dans les magasins.

Quand il aurait vécu dans des pays et à

des époques où une pareille ambition aurait pu être la sienne, l'orgueil de M. Panckoucke aurait fait des rêves plus doux : il voulait être riche, il le voulait beaucoup, parce qu'il était persuadé que, dans les monarchies absolues, il n'y a d'affranchissement réel et de vraie *manumission* que celle des grands caractères unis aux grandes fortunes; il voulait être riche, pour être généreux avec tout ce qu'il aimait, avec sa femme, ses enfans, ses amis, avec les talens dont son état l'environnait; et ces jouissances si nobles, si désirables pour la raison même, il les a presque toujours possédées. Ses maisons de Paris et de Boulogne réunissaient, comme celles d'Helvétius et du baron d'Holbach, l'élite des gens de lettres, des artistes et des savans. Il n'imprimait pas seulement les ouvrages des autres; il en imprimait qui étaient de lui. Dans le tracas de tous les détails d'un commerce de plusieurs millions, il trouvait le temps d'écrire et en sentait le besoin. Il traduisait l'Arioste;

il sondait les profondeurs de la nature du beau; il cherchait à simplifier, pour ses enfans, les règles de la grammaire française. Ce n'étaient pas là de grandes compositions, mais c'était la preuve qu'il pouvait en faire. Dans les salons de sa femme, dans les cabinets d'étude de ses enfans, des partitions ouvertes sur des pianos, des chevalets chargés de dessins, tout respirait le goût des arts, et laissait à peine apercevoir le mouvement des affaires par lesquelles il donnait une nouvelle impulsion à celles de la France et de l'Europe.

C'est le tableau de cette vie de M. Panckoucke qui a fait demander plusieurs fois à ceux qui en étaient les témoins, pourquoi ceux qui font les livres ne sont pas ceux qui les impriment; pourquoi le génie et l'industrie réunis dans le même homme, ne sont pas, à la fois, les sources de sa fortune et de sa gloire.

Ce mélange de gloire et de gain n'a rien qui puisse importuner l'âme la plus fière; il étendrait l'indépendance de l'homme de lettres; il garantirait à ses travaux plus d'instans libres qu'il ne leur en enleverait : des presses montées et inspectées par des Voltaire et par des Buffon, ajouteraient au respect dû à la liberté de la presse.

La librairie de M. Panckoucke, où se trouvaient appelés tous les partis de la littérature, était un peu comme ces temples de l'Allemagne, où catholiques, luthériens et calvinistes célèbrent tour-à-tour et presque ensemble les offices de leurs différens cultes.

LETTRES

DE VOLTAIRE

A C. J. PANCKOUCKE.

LETTRES
DE VOLTAIRE
A C. J. PANCKOUCKE.

I.

A Ferney, 28 février 1767.

J'ai reçu de vous, Monsieur, une lettre charmante, et j'ai lu avec beaucoup de plaisir votre traduction de *Lucrèce* et votre *Mémoire sur l'impossibilité de la quadrature du cercle.* Je vois que vous étiez fait pour être l'ami de M. de Buffon, et non pas de Catherin Fréron. Vous nous rappelez ces beaux jours où les Étienne honoraient la typographie par la science.

Je doute fort que M. de La Harpe, que je crois très-supérieur au Tassoni, veuille s'abaisser à traduire le Tassoni. *La Secchia rapita* est un très-plat ouvrage, sans invention, sans imagination, sans variété, sans esprit et sans grâces. Il n'a eu cours en Italie que parce que l'auteur y nomme un grand nombre de familles auxquelles on s'intéressait. Si on voulait faire un poëme burlesque, il faudrait choisir pour sujet les querelles de Genève, et surtout être plus plaisant que Tassoni, qui ne l'est point du tout en cherchant toujours à l'être.

Je vous suis très-obligé, Monsieur, de la bonté que vous avez de m'envoyer le livre que j'estime le plus. Je vous supplie de vouloir bien me mander dans quel temps il doit arriver à Lyon, afin de prendre des mesures pour le faire venir à Ferney : toute communication est interrompue entre Lyon et Genève, et entre Genève et le pays de Gex. J'espère que, malgré ces obstacles, je ne serai pas privé du beau présent que vous voulez bien me faire. J'ai reçu les volumes de M. de Buffon, et je vous en remercie. Tout ce qui me viendra de vous me sera précieux, excepté les feuilles de l'Année littéraire, auxquelles je me flatte que vous avez renoncé. Un homme de lettres comme vous, qui imprime M. de

Buffon, n'est pas fait pour imprimer des sottises du Pont-Neuf.

Au reste, Monsieur, je voudrais vous pouvoir prouver l'estime que vous m'avez inspirée quand j'ai eu l'honneur de vous voir à Ferney. Tous les gens qui pensent doivent ambitionner votre amitié, et c'est avec ces sentimens que j'ai l'honneur d'être, Monsieur,

Votre très-hnmble et très-obéissant serviteur,

VOLTAIRE.

II.

A Ferney, 1er février 1768.

Le froid excessif, la faiblesse excessive, la vieillesse excessive, et le mal aux yeux excessif ne m'ont pas permis, Monsieur, de vous remercier plutôt des premiers volumes de votre *Vocabulaire*, et du *Don Carlos* de M. votre cousin. Toute votre famille paraît consacrée aux lettres. Elle m'est bien chère, et personne n'est plus sensible que moi à votre mérite et à vos attentions.

Plus vous me témoignez d'amitié, moins je conçois comment vous pouvez vous adresser à moi pour vous procurer l'infâme ouvrage intitulé *Le Dîner du comte de Boulainvilliers*. J'en ai eu par hasard un exemplaire, et je l'ai jeté dans le feu. C'est un tissu de railleries amères et d'invectives atroces contre notre religion. Il y a plus de quarante ans que cet indigne écrit est connu; mais ce n'est que depuis quelques mois qu'il paraît en Hollande, avec cent autres ouvrages de cette espèce. Si je ne consumais pas les derniers jours de ma vie à une nouvelle édition du *Siècle de Louis XIV*, augmentée de près de moitié; si je n'épuisais pas le peu de force qui me reste à élever ce monument à la gloire de ma patrie, je réfuterais tous ces livres qu'on fait chaque jour contre la religion.

J'ai lu cette nouvelle édition in-4°, qu'on débite à Paris, de mes œuvres. Je ne puis pas dire que je trouve tout beau,

> Papier, dorure, images, caractère;

car je n'ai point encore vu les images; mais je suis très-satisfait de l'exactitude et de la perfection de cette édition. Je trouve que tout en est beau,

> Hormis les vers, qu'il fallait laisser faire
> à Jean Racine.

Je souhaite que ceux qui l'ont entreprise ne se ruinent pas, et que les lecteurs ne me fassent pas les mêmes reproches que je me fais; car j'avoue qu'il y a un peu trop de vers et de prose dans ce monde. C'est ce que je signe en connaissance de cause.

Votre, etc.

VOLTAIRE.

III.

A Ferney, 9 juillet 1768.

J'ai reçu, Monsieur, votre beau présent. La Fontaine aurait connu la vanité, s'il avait vu cette magnifique édition; c'est le luxe de la typographie. L'auteur ne posséda jamais la moitié de ce que son livre a coûté à imprimer et à graver. Si nous n'avions que cette édition, il n'y aurait que des princes, des fermiers-généraux et des archevêques qui pussent lire les *Fables de La Fontaine*. Je vous remercie de tout mon cœur, et je souhaite que toutes vos grandes entreprises réussissent.

Vous m'apprenez que je donne beaucoup de ridicule à l'édition de notre ami Cramer; je vous assure que je n'en donne qu'à moi. Lorsque je considère tous ces énormes fatras que j'ai composés, je suis tenté de me cacher dessous, et je demeure tout honteux. L'ami Gabriel ne m'a pas trop consulté quand il a ramassé toutes mes sottises pour en faire une effroyable suite d'in-quartos. Je lui ai toujours dit qu'on n'allait pas à la postérité avec un aussi gros bagage. Tirez-vous-en comme vous pourrez. Je crierai toujours que le papier et le caractère sont beaux, que l'édition est très-correcte; mais vous ne la vendrez pas mieux pour cela. Il y a tant de vers et de prose dans le monde, qu'on en est las. On peut s'amuser de quelques pages de vers, mais les in-quartos de bénédictins effraient.

Il est souvent arrivé que, quand j'avais la manie de faire des pièces de théâtre, et ayant, dans ces accès de folie, le bon sens de n'être jamais content de moi, toutes mes pièces ont été bigarrées de variantes : on m'a fait apercevoir que, de tant de manières différentes, l'éditeur a choisi la pire. Par exemple, dans *Oreste*, la dernière scène ne vaut pas, à beaucoup près, celle qui est imprimée chez Duchesne; et, quoique cette édition de Duchesne ne vaille pas le diable, il fallait s'en rapporter à elle dans cette occasion. Il peut arriver par hasard qu'on joue *Oreste*; il peut arriver que quelque curieux qui aura l'in-quarto, soit tout étonné de voir cette scène toute différente de l'imprimé, et qu'il donne alors à tous les diables l'édition, l'éditeur et l'auteur.

On pourrait du moins remédier à ce défaut; il ne s'agirait que de réimprimer une page.

Le Suisse qui imprime pour mon ami Gabriel, s'est avisé, dans *Alzire*, de mettre :

> Le bonheur m'aveugla, *l'amour* m'a détrompé,

au lieu de :

> Le bonheur m'aveugla, *la mort* m'a détrompé.

Cette pagnoterie fait rire. Il y a long-temps qu'on rit à mes dépens; mais, par ma foi, je l'ai bien rendu.

Je ne puis rien vous dire des estampes, je ne les ai point encore vues, et j'aime mieux les beaux vers que les belles gravures. Je vous aime encore plus que tout cela, car vous êtes fort aimables, vous et madame votre épouse.

Je vous souhaite toutes sortes de prospérités.

VOLTAIRE.

IV.

Ferney, 13 février 1769.

L'Académie de Rouen, Monsieur, me fait l'honneur de m'écrire que vous êtes chargé, depuis un mois, de me faire parvenir deux exemplaires du discours qui a remporté le prix. Je ne crois pas que les commis de la douane des pensées trouvent rien de contraire à la théologie orthodoxe dans l'éloge de Pierre Corneille. Peut-être seront-ils plus difficiles pour le *Siècle de Louis XIV* et de *Louis XV*, attendu que, dans une histoire, il y a toujours plusieurs choses mal sonnantes pour beaucoup d'oreilles. On dit que ceux qui ont les plus longues vous font quelques petites difficultés.

Notre ami Gabriel m'a averti que vous désiriez que

je fisse une petite galanterie à M. le chancelier et à M. de Sartines. Je leur envoie quatre volumes en beau maroquin, à filets d'or; mais cela ne désarmera pas les ennemis du sens commun, et n'empêchera pas les dogues de St-Médard d'aboyer et de mordre. Vous aurez à combattre; car, vous et moi, nous pouvons nous vanter d'avoir quelques rivaux.

Des gredins du Parnasse ont dit que je vends mes ouvrages. Ces malheureux cherchent à penser pour vivre, et moi je n'ai vécu que pour penser. Non, Monsieur, je n'ai point trafiqué de mes idées; mais je vous avertis qu'elles vous porteront malheur, et que vous les vendrez à la livre très-bon marché, si on s'opiniâtre à faire un si prodigieux recueil de choses inutiles. Un auteur ne va point à la gloire, et un libraire à la fortune, avec un si lourd bagage. Passe pour de gros dictionnaires, mais pour de gros livres de pur agrément, c'est se moquer du public, c'est se faire un magasin de coquilles et d'ailes de papillons. Quant à votre entreprise de la nouvelle *Encyclopédie*, gardez-vous bien, encore une fois, de retrancher tous les articles de M. le chevalier de Jaucourt. Il y en a d'extrêmement utiles, et qui se ressentent de la noblesse d'âme d'un homme de qualité et d'un bon citoyen, tel que celui du Labarum. Gardez-vous des idées particulières et des paradoxes en fait de belles-lettres. Un dictionnaire doit être un monument de vérité et de goût, et non pas un magasin de fantaisies. Songez surtout qu'il faut plutôt retrancher qu'ajouter à cette *Encyclopédie.* Il y a des articles qui ne sont qu'une déclamation insupportable. Ceux qui ont voulu se faire valoir en y insérant leurs puérilités, ont absolument gâté cet ouvrage. La rage du bel esprit est absolument incompatible avec un bon dictionnaire. L'enthousiasme y nuit encore plus, et les exclamations à la Jean-Jacques sont d'un prodigieux ridicule.

Je vous embrasse sans cérémonie, mais de tout mon cœur.

VOLTAIRE.

V.

Ferney, mars 1769.

En vous remerciant, Monsieur, de votre lettre et de votre beau présent[1], qui ornerait le cabinet d'un curieux. Vous vous êtes chargé d'un livre qui ne se débitera pas si bien[2]. Je vous en ai averti dans un petit Prologue de *la Guerre de Genève*, qui n'est pas encore parvenu jusqu'à vous. Les goûts changent aisément en France. On peut aimer Henri IV sans aimer *la Henriade*. On peut vendre des ornemens à la grec-

[1] Les *OEuvres de M. de Buffon.*

[2] L'édition in-4° des œuvres de l'auteur, que M. Panckoucke venait d'acquérir de MM. Cramer de Genève.

que, sans débiter *Mérope* et *Oreste*, toutes grecques que sont ces tragédies;

Et Gombaud tant loué garde encor la boutique.

Si j'avais un conseil à vous donner, ce serait de modérer un peu l'ancien prix établi à Genève, mais de ne point jeter à la tête une édition qu'alors on jette à ses pieds. Il faut que les chalands demandent, et non pas qu'on leur offre. Les filles qui viennent se présenter sont mal payées; celles qui sont difficiles font fortune; c'est l'A B C de la profession : imitez les filles; soyez modeste pour être riche. *Interim* je vous embrasse, et suis de tout mon cœur, etc.

VOLTAIRE.

VI.

Ferney, 29 septembre 1769.

J'approuve fort votre dessein de faire un supplément à l'*Encyclopédie*. Je souhaite qu'il ne se trouve plus d'Abraham Chaumeix, et que ceux qui ont condamné les thèses contre Aristote, l'émétique, la circulation du sang, la gravitation, l'inoculation, le quinzième chapitre de *Bélisaire*, soient si las de leurs anciennes bévues, qu'ils n'en fassent plus de nouvelles. J'ose même espérer qu'à la fin on donnera en France quelques droits d'hospitalité à cette étrangère qu'on nomme la Vérité, qu'on a toujours si mal reçue. Le ministère verra qu'il n'y a nulle gloire à commander à un peuple de sots, et que, s'il y avait dans le monde un roi des génies et un roi des grues, le roi des génies aurait le pas.

Vous vous moquez de moi, et vous m'offensez en me proposant dix-huit mille francs pour barbouiller des idées que vous pourrez insérer dans vos in-folios. C'est se moquer d'imaginer qu'à soixante-seize ans je puisse être utile à la littérature; et c'est un peu m'insulter que de me proposer dix-huit mille francs pour environ six cents pages. Vous savez que j'ai donné toutes mes sottises *gratis* à des Genevois, je ne les vendrai pas à des Parisiens. J'ai à me plaindre, ou plutôt à les plaindre, de s'être obstinés à rechercher tout ce qui a pu m'échapper, et qui ne méritait pas de voir le jour[1]. Vous en porterez la peine, car je vous certifie que vous ne vendrez pas cet énorme fatras.

A l'égard de votre *Encyclopédie*, je pourrais, dans deux ou trois mois, commencer à vous faire les articles suivans : *Entendement humain*, *églogue*, *élégie*, *épopée*, en ajoutant quelques notes historiques à l'article de M. Marmontel; *épreuve*, *Fable :* on peut faire une comparaison agréable des fables inventées par l'Arioste et imitées par La Fontaine. *Fanatisme* (l'his-

[1] L'édition de Genève, in-4°.

toire du) : cela peut être très-intéressant. *Femme :* article ridicule, qui peut devenir instructif et piquant. *Fatalité :* on peut dire sur cet article des choses très-frappantes, tirées de l'histoire. *Folie :* il y a des choses sages à dire sur les fous. *Génie :* on peut en parler encore sans en avoir. *Langage :* cet article peut être immense. *Juifs :* on peut proposer des idées très-curieuses sur leur histoire, sans trop effaroucher. *Loi :* examiner s'il y a des lois fondamentales. *Locke :* il faut le justifier sur une erreur qu'on lui attribue à son article. *Main-morte :* on me fournira un excellent article sur cette jurisprudence barbare. *Mallebranche :* son système peut fournir des réflexions fort curieuses. *Métempsycose*, *métamorphose :* bons articles à traiter.

Je vous indiquerai les autres matières sur lesquelles je pourrai travailler ; mais c'est à condition que je serai en vie, car je vous réponds que, si je suis mort, vous n'aurez pas une ligne de moi.

Quant à l'Italien qui veut, dit-on, refondre, avec quelques Suisses, l'*Encyclopédie* faite par des Français, je n'ai jamais entendu parler de lui dans ma retraite.

VOLTAIRE.

VII.

Ferney, 6 décembre 1769.

Vous savez, Monsieur, que je vous regarde comme un homme de lettres et comme mon ami; c'est à ces titres que je vous écris.

On a besoin, sans doute, d'un supplément à l'*Encyclopédie;* on me l'a proposé; j'y ai travaillé avec ardeur; j'ai fait servir tous les articles que j'avais déjà insérés dans le grand dictionnaire; je les ai étendus et fortifiés autant qu'il était en moi; j'ai actuellement plus de cent articles de prêts. Je les crois sages; mais, s'ils paraissaient un peu hardis, sans être téméraires, on pourrait trouver des censeurs qui feraient de mauvaises difficultés, et qui ôteraient tout le piquant pour y mettre l'insipide. Je vous réponds bien que tous ceux qui sont à la tête de la librairie, ne mettront aucun obstacle à l'introduction de cet ouvrage en France, et je vous réponds d'ailleurs qu'il sera vendu dans l'Europe, parce que, tout sage qu'il est, il pourra amuser les oisifs de Moscou, aussi bien que les oisifs de Berlin. Puisque vous avez été assez hardi pour vous charger de mes sottises in-4°, il faut que cette sottise-ci soit de la même parure.

Il ne serait pas mal, à mon avis, de faire un petit programme, par lequel on avertirait Paris, Moscou, Madrid, Lisbonne et Quimpercorentin, qu'une société de gens de lettres, tous Parisiens, et point de Suisses, va, pour prévenir les jaloux, donner un supplément à l'*Encyclopédie*. On pourrait même, dans ce programme, donner quelque échantillon, comme, par exemple, l'article *femme*, afin d'amorcer vos chalands.

Au reste, je pense qu'il faut se presser, parce qu'il se pourrait bien faire qu'étant âgé de soixante et seize ans, je fusse placé incessamment dans un cimetière, à côté de mon ivrogne de curé, qui prétendait m'enterrer, et qui a été tout étonné que je l'enterrasse.

Encore un mot, Monsieur : avant que vous fussiez lancé dans les grandes entreprises, vous aviez, ce semble, ouvert une souscription pour les mal-semaines de Martin Fréron. Je me suis aperçu, à mon article *critique*, que je dois dévouer à l'horreur de la postérité les gueux qui, pour de l'argent, ont voulu décrier l'*Encyclopédie* et tous les bons ouvrages de ce siècle, et que c'est une chose aussi amusante qu'utile de rassembler les principales impertinences de tous ces polissons. Envoyez-moi tout ce que vous avez, jusqu'à ce jour, des imbéciles méchancetés de Martin, afin que je le fasse pendre avec les cordes qu'il a filées.

Je vous embrasse de tout mon cœur, sans cérémonie, et je vous prie de vouloir bien faire mes complimens à madame votre femme, dont j'ai toujours l'idée dans la tête depuis que je l'ai vue à Ferney.

VOLTAIRE.

VIII.

Ferney, 21 février 1770.

Consolez-vous, Monsieur, il est impossible que les captifs qui sont à Alger[1] ne soient point délivrés par les Mathurins, quand le temps sera favorable; puisqu'on a rendu les premiers, on rendra les seconds; les cadets ne peuvent être traités plus durement que les aînés.

J'ai dû à M. d'Alembert et à M. Diderot la politesse que j'ai eue pour eux. Il n'était pas juste que mon nom parût avant le leur, et il faut surtout qu'il n'y paraisse point. Ceux qui travaillent à deux ou trois volumes de

[1] Les volumes de l'*Encyclopédie* détenus à la Bastille.

questions sur l'*Encyclopédie*, croient vous rendre un très-grand service. Ils donnent les plus grands éloges à la première édition, ils annoncent la seconde; ils espèrent décréditer un peu les contrefaçons, et ils s'amusent.

Je n'ai point vu mon ami Cramer. Tout est en combustion dans Genève, tout est sous les armes; on a assassiné sept ou huit personnes juridiquement dans les rues, dans les maisons; un vieillard de quatre-vingts ans a été tué en robe de chambre; un femme grosse, bourrée à coups de crosse de fusil, est mourante; une autre est morte. Cramer commande la garde. Il faut espérer que son magasin ne sera pas brûlé. Le diable est partout. J'espère que je l'exorciserai, en qualité de capucin; car il faut que vous sachiez que je suis agrégé à l'ordre des capucins, par notre général Amatus Dalamballa, résidant à Rome, qui m'a envoyé mes lettres-patentes. C'est une obligation que j'ai à saint Cucufin, et j'en sens tout le prix. Je prie Dieu pour vous. Recevez ma bénédiction.

Frère François VOLTAIRE,

Capucin indigne.

IX.

Ferney, 15 février 1777.

Oui, oui, je ferai tout ce qu'il vous plaira, car vous m'avez gagné le cœur, et je suis toujours amoureux de madame Suard, votre sœur (si je suis en vie, s'entend, car je ne réponds de rien); tant qu'il me restera un peu de force et un peu d'huile, je suis à votre service.

Il me paraît que le Journal de M. de La Harpe reprend beaucoup de faveur auprès des honnêtes gens et de ceux qui ont du goût. Ils dirigent, à la longue, le jugement des autres; et, en tout genre, la *Phèdre* de Racine anéantit la *Phèdre* de Pradon. Si votre débit n'est pas aussi considérable qu'il devrait l'être, n'imputez point ce désagrément passager au prétendu mécontentement du public, fâché de voir M. de La Harpe succéder à son ennemi (M. Linguet). Le public se soucie peu des querelles des gens de lettres; on se borne à s'en amuser et à en rire pour son argent. La véritable raison qui fait que vous vendez moins votre très-bon Journal, c'est que vous avez quarante ou cinquante concurrens. S'il n'y avait qu'un pâtissier dans Paris, il ferait une fortune immense : quand il y en a mille, les profits se partagent. Je n'ai point reçu le *Tristram Shandi* en français, ni le livre de *l'Homme*, dont vous me parlez. On est en état de travailler aux extraits dont M. de La Harpe ne voudra pas se charger. Tout ce qu'on demande, c'est d'être entièrement ignoré, et que M. de La Harpe soit content de ce travail, qui n'est entrepris que pour le soulager, parce qu'on sait bien qu'il a d'autres occupations. On le prie de vouloir bien se donner la peine de corriger tout ce qui ne paraîtra pas convenable. Deux traits de plume peuvent adoucir l'article où l'on donne la préférence à la félicité publique sur l'*Esprit des Lois*, quoiqu'on soit persuadé que le fameux ouvrage de Montesquieu n'est que de l'esprit sur les lois, comme l'a très-bien dit madame du Deffant.

VOLTAIRE.

X.

Ferney, 30 avril 1777.

On vous envoie, Monsieur, sous l'enveloppe de M. le comte de Vergennes, un extrait assez intéressant des Mémoires Noailles-Millot. On souhaite passionnément que ces petits amusemens vous soient de quelque utilité. J'avais déjà ces mémoires dans ma petite bibliothèque, et l'on vient de m'en apporter un nouvel exemplaire par la voie de M. Luneau de Boisjermain. Il est accompagné du fatras le plus savant et le plus impertinent que j'aie jamais lu; c'est l'histoire véritable des temps fabuleux. Si j'étais plaisant, il y aurait un plaisant extrait à faire de ce déplaisant galimatias. Je n'ai pas envie de rire, cependant je m'égaierai à dire un mot de ce pédant en *us*, nommé Guérin du Rocher, prêtre.

Je suis bien en peine de l'affaire de M. Delisle de Sales. Son livre assurément ne méritait pas ce vacarme. Je ne peux pas dire qu'il ait été de tous les hommes le plus cruellement persécuté, car il y a dix ans il existait un chevalier de La Barre, petit-fils d'un lieutenant-général des armées du roi. Les Français seront toujours moitié tigres et moitié singes. Ils se réjouiront également à la Grève et aux grands danseurs de corde du boulevart.

Mes très-humbles complimens, je vous prie, à M. et à madame Suard, et à tous nos amis.

VOLTAIRE.

LETTRES

DE J. J. ROUSSEAU

A C. J. PANCKOUCKE.

LETTRES

DE J. J. ROUSSEAU

A C. J. PANCKOUCKE.

I.

Montmorency, le 15 février 1761.

A un anonyme [1].

J'ai reçu le 12 de ce mois, par la poste, une lettre anonyme sans date, timbrée de Lille, et franche de port. Faute d'y pouvoir répondre par une autre voie, je déclare publiquement à l'auteur de cette lettre que je l'ai

[1] Cet anonyme était M. C.-J. Panckoucke, qui résidait encore à Lille, et n'était âgé que de vingt-cinq ans.

lue et relue avec émotion, avec attendrissement; qu'elle m'inspire pour lui la plus tendre estime, le plus grand désir de le connaître et de l'aimer; qu'en me parlant de ses larmes il m'en a fait répandre; qu'enfin, jusqu'aux éloges outrés dont il me comble, tout me plaît dans cette lettre, excepté la modeste raison qui le porte à se cacher.

J. J. ROUSSEAU.

II.

Motiers, le 21 décembre 1764.

A Monsieur Panckoucke.

Je suis sensible aux bontés de M. de Buffon, à proportion du respect et de l'estime que j'ai pour lui, sentimens que j'ai toujours hautement professés, et dont vous avez été témoin vous-même. Il y a des amis dont la bienveillance mutuelle n'a pas besoin d'une correspondance expresse pour se nourrir, et j'ai osé me placer avec lui dans cette classe-là. Si c'est une illusion de ma part, elle est bien pardonnable à la cause qui la produit. Je ne le mets point dans une distribution d'exemplaires, sachant bien qu'il me mettrait dans celle des siens; et que, comme il n'y a point de proportion dans ces choses-là, je n'aime point donner un œuf pour avoir un bœuf.

Le quidam qui s'irrite si fort que j'aie mis une devise à mon livre doit s'irriter bien plus que je l'aie entourée d'une couronne civique; et bien plus encore que j'aie, dans ce même livre, justifié la devise et mérité la couronne.

J. J. ROUSSEAU.

III.

Motiers-Travers, 26 mai 1765.

A Monsieur Panckoucke.

Votre dernière lettre, Monsieur, m'a non-seulement désabusé, mais attendri. Oublions réciproquement nos torts, sûrs que le cœur n'y a point de part, et soyons amis comme auparavant, même plus, s'il est possible; c'est l'effet que doit produire un vrai retour entre honnêtes gens.

Il est vrai que les fanatiques de ce pays, excités, vous comprenez bien par qui, ont suscité contre moi un violent orage, dont tout l'effet est retombé sur eux : parce qu'ils m'avaient trouvé doux, ils ont cru me trouver faible : ils se sont trompés. Tous leurs efforts pour me nuire ou m'épouvanter ont tourné à leur confusion, et leur ont attiré les mortifications les plus cruelles. J'ai fait plus que des souverains n'osent faire, en triomphant d'eux. Battus dans toutes les formes légitimes, ils prennent le parti d'ameuter la canaille et de se faire chefs de bandits. Cette voie est assez bonne avec les peuples de ce vallon. Quoi qu'il en soit, je les mets au pis. Dans le zèle qui les dévore, ils pourront me faire assassiner, mais très-certainement il ne me feront pas fuir. Il y a cependant long-temps que j'ai résolu d'aller m'établir dans le bas parmi les hommes; mais j'attendrai que les loups enragés d'ici aient achevé de hurler et de mordre. Après cela, s'ils me laissent vivre, je les quitterai. Qu'un autre étranger y tienne, s'il peut, trois ans, comme je l'ai fait, et puis qu'il m'en dise des nouvelles.

J. J. ROUSSEAU.

IV.

Motiers-Travers, le 25 mai 1764.

A Monsieur Panckoucke.

Je lirai avec grand plaisir les écrits de M. Beaurieu, et, sur votre exhortation, j'ai déjà commencé par *l'Élève de la nature.* On ne peut pas, en effet, penser avec plus d'esprit ni dire plus agréablement. Je lui conseille toutefois de s'attacher toujours plus aux sujets qu'on peut traiter en descriptions et en images, qu'à ceux de discussion et d'analyse, et qu'en général aux matières de raisonnement. Un traité d'agriculture sera tout à fait de son genre; et, s'il choisit bien ses matériaux, il peut, à un livre très-utile, donner tout l'agrément des *Géorgiques*.

Je me fais bien du scrupule de toucher aux ouvrages de Richardson, surtout pour les abréger; car je n'aimerais guère être abrégé moi-même, bien que je sente le besoin qu'en auraient plusieurs de mes écrits; ceux de Richardson en ont besoin incontestablement. Ses entretiens de cercle sont surtout insupportables; car, comme il n'avait pas vu le grand monde, il en ignorait entièrement le ton : j'oserais tenter de faire ce que vous me proposez; mais n'exigez pas que je fasse vite; car, malade et paresseux, occupé d'ailleurs à préparer l'édition générale par laquelle je me propose d'achever ma carrière littéraire, je n'aurai de long-temps, si je vis, que très-peu de temps à donner à une compilation; d'ailleurs, n'entendant pas l'anglais, il me faudrait toutes les traductions qui ont été faites, pour les comparer et choisir; et tout cela est embarrassant pour vous, pour moi, ou plutôt pour tous les deux. Si j'achève jamais ma grande édition, et que je lui survive, alors seulement je pourrai m'occuper uniquement de ces choses-là, et je me ferai un plaisir d'entrer dans vos vues autant que ma situation, ma santé et mon esprit indolent me le permettent.

J'oubliais de vous dire que le recueil que vous avez vu ne s'est point fait sous mes yeux : c'est M. l'abbé de La Porte qui l'a fait. Je n'ai su les pièces qu'il contenait qu'à la réception des exemplaires qui m'ont été envoyés. J'en ai pourtant fourni quelques-unes, mais non pas votre *prédiction*, que je n'ai même jamais communiquée à personne, non que je ne m'en fasse honneur, mais parce que je n'en aurais pas disposé sans votre permission.

Je vous suis obligé de faire assez de cas de mes écrits pour leur donner dans votre cabinet une place de prédilection. Je serais fort aise qu'ils vous fassent quelquefois souvenir de leur auteur, qui vous aime depuis long-temps, et qui désire être toujours aimé de vous.

J. J. ROUSSEAU.

V.

Motiers, le 12 février 1764.

Je vois avec plaisir, Monsieur, par votre lettre du 25 janvier, que vous ne m'avez point oublié, et je vous prie de croire que, quant à moi, je me souviendrai de vous toute ma vie avec amitié.

Je regarde votre établissement à Paris comme un moyen presque assuré de parvenir promptement à votre bien-être du côté de la fortune, vu le goût effrené de littérature qui règne en cette grande ville, et qu'étant vous-même homme de lettres, vous saurez bien choisir vos entreprises.

Je ne refuse point, Monsieur, le cadeau que vous voulez me faire de ce que vous avez imprimé; il me sera précieux comme un témoignage de votre amitié; mais, si vous exigez de moi de tout lire, ne m'envoyez rien; car, dans l'état où je suis, je ne puis plus supporter aucune lecture sérieuse, et tout ouvrage de raisonnement m'ennuie à la mort. Des romans et des voyages, voilà désormais tout ce que je puis souffrir, et je m'imagine qu'un homme grave comme vous n'imprime rien de tout cela.

BIBLIOGRAPHIE.

PANCKOUCKE (André-Joseph).

Né à Lille, en 1700, mort le 17 juillet 1743.

Auteur des ouvrages suivans :

I. *Dictionnaire historique et géographique de la Châtellenie de Lille*, 1733; in-32.

II. *Élémens d'Astronomie*, 1739; in-12.

III. *Élémens de Géographie*, 1740; in-12. Lalande, dans sa *Bibliothèque astronomique*, cite, de ces deux ouvrages réunis, une édition de 1748, 2 vol. in-12.

IV. *Essai sur les Philosophes*, ou *les Égaremens de la raison sans la foi*, 1743; in-12; reproduit en 1753, sous le titre d'*Usage de la raison*.

V. *La Bataille de Fontenoi*, poëme héroïque en vers burlesques, par un Lillois, avec des notes historiques, critiques et morales pour l'intelligence de ce poëme, 1745; in-8° de 27 pages, avec deux vignettes. C'est la critique et la parodie du poëme de Voltaire sur le même sujet.

VI. *Manuel philosophique*, ou *Précis universel des Sciences*, 1748; 2 vol. in-12.

VII. *Dictionnaire des Proverbes français*, 1749; in-12.

VIII. *Les Études convenables aux demoiselles*, 1749; 2 vol. in-12. Ce livre a été long-temps en usage dans les maisons d'éducation.

IX. *Amusemens mathématiques*, 1749; in-12.

X. *Art de désopiler la rate*, un vol. in-12. L'édition posthume de 1773 est augmentée et forme deux volumes. La censure avait exigé plusieurs cartons dans la première édition de l'*Abrégé chronologique de l'Histoire de France*, par le président Hénault; les textes, remplacés par les cartons, ont été imprimés dans *l'Art de désopiler la rate*, édition de 175886, page 99 et suiv.

XI. *Abrégé chronologique de l'Histoire de Flandre, contenant les traits remarquables des comtes de Flandre, depuis Beaudouin Ier jusqu'à Charles II, roi d'Espagne*, in-8° (avec une introduction par l'abbé Montlinot). La *Bibliothèque historique de la France* ne cite qu'une édition de cet ouvrage, sous la date de 1762 : ce qui en fait un ouvrage posthume.

PANCKOUCKE (Charles-Joseph), fils du précédent.

Né à Lille, le 26 novembre 1736, mort le 19 décembre 1798.

Auteur des ouvrages suivans :

I. *Traité historique et pratique des changes*, 1760; in-12.

II. *De l'Homme et de la reproduction des différens individus, et Défense de l'Histoire naturelle par Buffon*, 1761; in-12.

III. *Contre-Prédiction au sujet de la Nouvelle Héloïse*, roman de M. Rousseau, de Genève (dans le *Journal encyclopédique* du 1er juin 1761, page 102).

IV. *Traduction libre de Lucrèce*, 1768; 2 vol. in-12.

V. *Discours philosophiques sur le beau*, 1779; in-8°.

VI. *Plan d'une Encyclopédie méthodique et par ordre de matière*, 1781; in-8°.

VII. *Traduction de la Jérusalem délivrée*, le texte en regard stance par stance, 5 vol. in-18; Paris, 1785. Il a été publié une seconde édition par C. L. F. Panckoucke, in-32, en 1824.

VIII. *Traduction de Roland furieux*, poëme héroïque de l'Arioste, 10 vol. in-18; Paris, 1787. Les cinq premiers volumes et le *Discours sur l'Art de traduire* sont de C. J. Panckoucke. Les cinq derniers volumes et la *Vie de l'Arioste* sont de M. Framery.

IX. *Avis d'un membre du Tiers-Etat sur la réunion des ordres*, 1789.

X. *Observations sur l'article important de la votation par ordre ou par tête*, 1789; in-8°.

XI. *Discours sur le plaisir et la douleur*, 1792 ; in-8°.

XII. *Nouvelle Grammaire raisonnée à l'usage d'une jeune personne*, 1795; in-8°.

XIII. *Mémoire sur les assignats et sur la manière de les considérer dans la baisse actuelle*, 1795; in-8°.

XIV. *Nouveaux Mémoires sur les assignats*, ou *Moyen de liquider sur-le-champ la dette nationale*, 1795; in-8°.

XV. *Grammaire élémentaire et mécanique à l'usage des enfans et des écoles primaires*, 1795; in-12. Nouvelle édition, 1799; in-12.

XVI. Des articles dans le *Journal encyclopédique*, et une *Lettre* dans le *Magasin encyclopédique*.

PANCKOUCKE (HENRI), cousin de Charles-Joseph, cultiva aussi la littérature. Il est auteur de

La Mort de Caton, tragédie en trois actes et en vers, 1768, in-8°, dont il existe une contrefaçon avec le nom de Voltaire.

C'est probablement Henri Panckoucke qui est l'auteur de *Don Carlos à Elisabeth*, héroïde, avec des imitations de Gesner, 1769, in-8°, que l'on attribue ordinairement à Charles-Joseph.

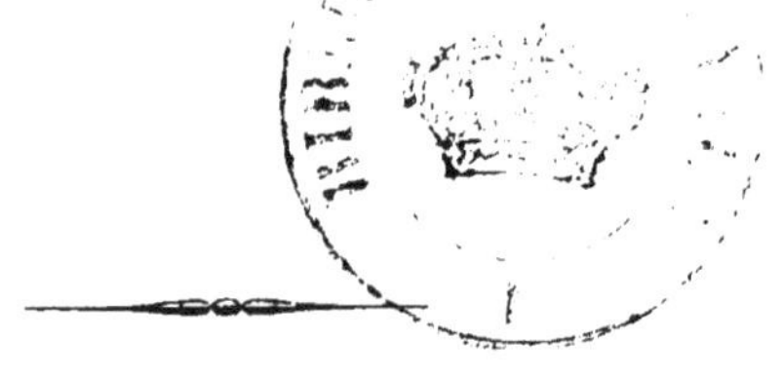